44 Frullati Proteici Per Bodybuilders:

Aumenta Lo Sviluppo Muscolare Senza Pillole, Supplementi Di Creatina, O Steroidi Anabolizzanti

di

Joseph Correa

Nutrizionista Sportivo Certificato

DIRITTI D'AUTORE

© 2016 Correa Media Group

Tutti i diritti riservati

La riproduzione o la traduzione di qualsiasi parte di questo lavoro al di là di quanto consentito dalla sezione 107 o 108 degli Stati Uniti Copyright 1976, senza l'autorizzazione del titolare dei diritti è illegale.

La presente pubblicazione è stata progettata per fornire informazioni accurate e autorevoli in materia di

Il tema trattato viene venduto con la consapevolezza che né l'autore né l'editore si impegnano a fornire consulenza medica. In caso di consultazione o di assistenza medica, consultare un medico. Questo libro è considerato una guida e non deve essere utilizzato in alcun modo che possa essere dannoso per la salute. Consultare un medico prima di iniziare questo piano nutrizionale per assicurarsi che sia giusto per te.

RINGRAZIAMENTI

Alla mia famiglia che ha reso possibile la realizzazione ed il successo di questo libro.

44 Frullati Proteici Per Bodybuilders:

Aumenta Lo Sviluppo Muscolare Senza Pillole, Supplementi Di Creatina, O Steroidi Anabolizzanti

di

Joseph Correa

Nutrizionista Sportivo Certificato

CONTENUTI

Diritti d'autore

Ringraziamenti

Cenni sull'autore

Introduzione

44 frullati proteici per Bodybuilders

Altri grandi titoli dell'autore

CENNI SULL'AUTORE

Come nutrizionista sportivo certificato e atleta professionista, sono fermamente convinto che una corretta alimentazione ti aiuterà a raggiungere i tuoi obiettivi più velocemente e in modo efficace. La mia conoscenza ed esperienza mi ha aiutato a vivere in modo più sano nel corso degli anni che ho condiviso con la famiglia e gli amici. Quanto più si sa di mangiare e bere in modo sano, tanto prima si vorrà cambiare la tua vita e abitudini alimentari.

Avere successo nel controllare il peso è importante in quanto permetterà di migliorare tutti gli aspetti della tua vita.

La nutrizione è una parte fondamentale nel processo per ottenere una forma migliore e questo è tutto ciò che è contenuto nel libro.

INTRODUZIONE

44 Frullati Proteici Per Bodybuilders: Aumenta Lo Sviluppo Muscolare Senza Pillole, Supplementi Di Creatina, O Steroidi Anabolizzanti

Questi pasti ti aiuteranno ad aumentare la quantità di proteine che si consumano durante la giornata per contribuire ad aumentare la massa muscolare. Questi frullati contribuiranno ad aumentare il muscolo in maniera organizzata con l'aggiunta di grandi porzioni sane di Proteine alla tua dieta. Essere troppo occupato a mangiare correttamente a volte può diventare un problema ed è per questo che questo libro ti farà risparmiare tempo e contribuirà a nutrire il tuo corpo per raggiungere gli obiettivi che desideri. Assicurati di sapere cosa stai mangiando per preparartelo da solo o avere qualcuno che lo prepara per te.

Questo libro ti aiuterà a:

- Incrementare la muscolatura velocemente.

- Avere più energia.

- Mangiare con gusto.

- Accelerare il tuo metabolismo in modo naturale per avere più muscoli.

- Migliorare Il tuo sistema digestivo.

Joseph Correa è un nutrizionista sportivo certificato ed un atleta professionista.

44 FRULLATI PROTEICI PER BODYBUILDERS

1. Frullato proteico al pomodoro:

Ingredienti:

1 bicchiere di latte scremato

¼ cucchiaino di cannella

1 pomodoro piccolo

1 carota grattugiata

1 cucchiaino di zucchero di canna

Preparazione:

Lavare e tagliare il pomodoro a dadini. Sbucciare e grattugiare la carota. Tagliare la carota a listarelle sottili. Mescolare gli ingredienti in un frullatore e conservare in frigorifero.

Valori nutrizionali per 1 bicchiere:

Carboidrati 10.9g

Zucchero 7.85g

Proteine 4.38g

Grassi totali 2.31g

Sodio 84mg

Potassio 423mg

Calcio 283.7mg

Ferro 0.832mg

Vitamine (Vitamina C acido ascorbico totale, B-6, B-12; Folato-DFE, A-RAE, A-UI, E-alfa-tocoferolo; D; D-D2 + D3; Tiamina; Niacina)

Calorie 80

2. Frullato proteico vegetale

Ingredienti:

1 tazza di broccoli tritati

metà mazzo di spinaci freschi

½ tazza di yogurt a basso contenuto di grassi

1 cucchiaino di miele

qualche foglia di menta

¼ di tazza di acqua

Preparazione:

Lavare le verdure e mettere in un frullatore. Mettere alcuni cubetti di ghiaccio e frullare insieme fino a quando la miscela sarà liscia.

Valori nutrizionali per 1 bicchiere:

Carboidrati 12.32g

Zucchero 7.16g

Proteine 4.95g

Grassi totali 2.78g

Sodio 79mg

Potassio 243.6mg

Calcio 117mg

Ferro 2.65mg

Vitamine (Vitamina C acido grasso ascorbico, B-6, B-12; Folato-DFE, A-RAE, A-UI, E-alfa-tocoferolo; D; D-D2 + D3; K-fillochinone, Tiamina, riboflavina; Niacina)

Calorie 81.3

3. Frullato proteico frutta mista e verdura

Ingredienti:

1 tazza di misto mirtilli, lamponi, more e fragole

½ tazza di spinaci tritati

2 albumi

½ tazza di yogurt a basso contenuto di grassi

1.5 bicchiere d'acqua

Preparazione:

Lavare gli spinaci e metterli in un frullatore. Mescolare 2 albumi con yogurt magro, aggiungere acqua e mettere in un frullatore. Aggiungere la frutta mista e mescolare per qualche minuto.

Valori nutrizionali per 1 bicchiere:

Carboidrati 11.27g

Zucchero 8.11g

Proteine 5.85g

Grassi totali 2.94g

Sodio 85mg

Potassio 259.6mg Potassio

Calcio 113mg

Ferro 2.03mg

Vitamine (Vitamina C acido grasso ascorbico, B-6, B-12; Folato-DFE, A-RAE, A-UI, E-alfa-tocoferolo; D; D-D2 + D3; K-fillochinone, Tiamina, riboflavina; Niacina)

Calorie 72.6

4. Frullato proteico al melone

Ingredienti:

¼ di tazza di fragole fresche

¼ di banane

1 fetta di melone

½ cucchiaino di cannella

¼ di tazza di noci tritate

1 cucchiaino di zucchero di canna

Preparazione:

Mescolare gli ingredienti in un frullatore e spolverare con cannella. Conservare in frigorifero e servire freddo.

Valori nutrizionali per 1 bicchiere:

Carboidrati 13.24g

Zucchero 9.19g

Proteine 7.92g

Grassi totali 3.54g

Sodio 91mg

Potassio 273.6mg

Calcio 119mg

Ferro 2.09mg

Vitamine (Vitamina C acido grasso ascorbico, B-6, B-12; Folato-DFE, A-RAE, A-UI, E-alfa-tocoferolo; D; D-D2 + D3; K-fillochinone, Tiamina, riboflavina; Niacina)

Calorie 78

5. Frullato proteico alle fragole

Ingredienti:

1 tazza di fragole

½ tazza di latte scremato

1 cucchiaino di sciroppo di agave

Preparazione:

Mescolare gli ingredienti in un frullatore per pochi minuti. Lasciare in frigorifero per qualche minuto e servire freddo. È possibile aggiungere alcuni cubetti di ghiaccio.

Valori nutrizionali per 1 bicchiere:

Carboidrati 8.19g

Zucchero 4.05g

Proteine 4.97g

Grassi totali 2.64g

Sodio 62mg

Potassio 197.9mg

Calcio 111mg

Ferro 1.23mg

Vitamine (vitamina C, B-6, B-12; E-alfa-tocoferolo; D; D-D2 + D3; K-fillochinone, Tiamina, riboflavina, niacina)

Calorie 54

6. Frullato proteico alla vaniglia

Ingredienti:

1 bicchiere di latte scremato

½ bicchiere di acqua

1 cucchiaino di vanillina

1 cucchiaino di vaniglia tritata

¼ cucchiaino di cannella

2 cucchiaini di zucchero di canna

Preparazione:

Mescolare il latte con acqua e far bollire a bassa temperatura. Aggiungere la vaniglia tritata e l'estratto di vaniglia. Mescolare bene e far bollire per circa un minuto. Rimuovere dalla pentola e lasciarlo raffreddare. Mescolare con altri ingredienti in un frullatore per pochi minuti. Servire freddo.

Valori nutrizionali per 1 bicchiere:

Carboidrati 10.12g

Zucchero 6.05g

Proteine 4.66g

Grassi totali 1.65g

Sodio 79mg

Potassio 203.4mg

Calcio 92mg

Ferro 1.98mg

Vitamine (Vitamina C acido ascorbico totale, B-6, B-12; Folato-DFE, A-RAE, A-UI; D; D-D2 + D3; K-fillochinone, Tiamina, riboflavina, niacina)

Calorie 79

7. Frullato proteico ai broccoli

Ingredienti:

1 tazza di broccoli cotti

1 bicchiere d'acqua

1 tazza di bacche di goji

1 cucchiaino di zucchero di canna

Preparazione:

Mescolare gli ingredienti in un frullatore per pochi minuti. Servire questa bevanda sana fredda.

Valori nutrizionali per 1 bicchiere:

Carboidrati 9.31g

Zucchero 5.19g

Proteine 4.83g

Grassi totali 1.67g

Sodio 78mg

Potassio 201mg

Calcio 86mg

Ferro 1.13mg

Vitamine (Vitamina C acido ascorbico totale, B-6, B-12, A-RAE, A-UI; D; D-D2 + D3; K-fillochinone, Tiamina, riboflavina, niacina)

Calorie 68.3

8. Frullato proteico al caffè

Ingredienti:

1 tazza di caffè freddo non zuccherato

½ tazza di latte scremato

2 cucchiaini di estratto di vaniglia

2 cucchiaini di zucchero di canna

1 cucchiaio di yogurt greco

cannella (facoltativo).

Preparazione:

Unire tutti gli ingredienti in un frullatore. Mescolare bene per circa 30 secondi. Bere freddo. È possibile aggiungere un po 'di cannella, ma questo è opzionale. Tenere questo frullato proteico in frigorifero, o si può anche congelare per un uso successivo.

Valori nutrizionali per 1 bicchiere:

Carboidrati 8.54g

Zucchero 5.73g

Proteine 8.78g

Grassi totali 2.04g

Sodio 69mg

Potassio 227mg

Calcio 117mg

Ferro 2.79mg

Vitamine (Vitamina C acido ascorbico totale, B-6, B-12; Folato-DFE, A-RAE, A-UI; D; D-D2 + D3; K-fillochinone, Tiamina, riboflavina, niacina)

Calorie 71.3

9. Frullato proteico mela e arancia

Ingredienti:

- 1 piccola mela
- 1 piccola arancia
- ½ bicchiere d'acqua
- 1 cucchiaino di zucchero di canna
- 1 cucchiaino di miele
- 1 cucchiaino di mandorle tritate

Preparazione:

Mettere tutti gli ingredienti in un frullatore per pochi minuti. Bere freddo.

Valori nutrizionali per 1 bicchiere:

Carboidrati 12.31g

Zucchero 8.73g

Proteine 6.98g

Grassi totali 3.09g

Sodio 81mg

Potassio 265.9mg

Calcio 109mg

Ferro 1.54mg

Vitamine (Vitamina C acido grasso ascorbico, B-6, B-12; Folato-DFE, A-RAE, A-UI, E-alfa-tocoferolo; D; D-D2 + D3; K-fillochinone, Tiamina, riboflavina; Niacina)

Calorie 73.1

10. Frullato proteico alla frutta

Ingredienti:

1 tazza di mirtilli

1 banana

½ cucchiaino di cannella

½ bicchiere di latte scremato

1 cucchiaio di sciroppo di agave

Preparazione:

Sbucciare la banana e tagliarla in piccoli pezzi. Unire lo sciroppo di agave con latte scremato e far bollire brevemente. Lasciarlo raffreddare per un po'. Mescolare gli ingredienti in un frullatore per circa 30 secondi. Cospargere con cannella e servire freddo.

Valori nutrizionali per un bicchiere:

Carboidrati 11.12g

Zucchero 9.34g

Proteine 6.52g

Grassi totali 3.21g

Sodio 93mg

Potassio 208.31mg

Calcio 113mg

Ferro 3.21mg

Vitamine (Vitamina C acido grasso ascorbico, B-6, B-12; Folato-DFE, A-RAE, A-UI, E-alfa-tocoferolo; D; D-D2 + D3; K-fillochinone, Tiamina, riboflavina; Niacina)

Calorie 79,9

11. Frullato proteico alla Farina d'avena

Ingredienti:

½ tazze di farina d'avena

1 tazza di latte scremato

¼ di tazza di acqua

1 cucchiaino di vanillina

½ banane

Preparazione:

Questa ricetta richiede solo pochi minuti di preparazione ed è molto gustosa. Tutto quello che devi fare è combinare gli ingredienti in un frullatore e mescolare fino a quando la miscela diventa liscia per circa 30-40 secondi. Lasciare in frigorifero per 30 minuti. Puoi cospargere un po' di cannella.

Valori nutrizionali per 1 bicchiere:

Carboidrati 13.32g

Zucchero 7.17g

Proteine 6.91g

Grassi totali 3.99g

Sodio 92mg

Potassio 263.2mg

Calcio 119mg

Ferro 2.92mg

Vitamine (Vitamina C acido ascorbico totale, B-6, B-12; Folato-DFE, A-RAE, A-UI; D; D-D2 + D3; K-fillochinone, Tiamina; Riboflavina)

Calorie 89

12. Frullato proteico alla menta piperita

Ingredienti:

2 tazze di latte scremato

1 cucchiaino di cacao in polvere

1 cucchiaino di mandorle grattugiate

1 cucchiaio di crema light

½ cucchiaino di estratto di menta piperita

Preparazione:

Far bollire il latte ad una temperatura bassa. Aggiungere estratto di menta piperita e cacao in polvere. Mescolare bene per 2-3 minuti. Rimuovere dalla pentola e lasciarlo raffreddare per circa 30 minuti. Mescolare con le mandorle grattugiate e la crema e mettere in un frullatore per circa 30 secondi.

Valori nutrizionali per 1 bicchiere:

Carboidrati 10.32g

Zucchero 7.34g

Proteine 6.81g

Grassi totali 3.08g

Sodio 85.9mg

Potassio 243.3mg

Calcio 121mg

Ferro 1.09mg

Vitamine (Vitamina C acido grasso ascorbico, B-6, B-12; Folato-DFE, A-RAE, A-UI, E-alfa-tocoferolo; D; D-D2 + D3; K-fillochinone, Tiamina, riboflavina; Niacina)

Calorie 68.2

13. Frullato proteico all'olio di semi di lino

Ingredienti:

½ tazza di acqua

½ tazza di latte scremato

1 cucchiaio di noci grattugiate

1 cucchiaio di bacche di goji

1 cucchiaio di olio di semi di lino

1 cucchiaino di vanillina

1 cucchiaio di zucchero di canna

Preparazione:

Mescolare gli ingredienti in un frullatore per circa 40 secondi, o fino a formare una miscela omogenea. Conservare in frigorifero e servire freddo.

Valori nutrizionali per 1 bicchiere:

Carboidrati 14.31g

Zucchero 9.19g

Proteine 7.81g

Grassi totali 3.09g

Sodio 83mg

Potassio 279.9mg

Calcio 129mg

Ferro 3.09mg

Vitamine (Vitamina C acido grasso ascorbico, B-6, B-12; Folato-DFE, A-RAE, A-UI, E-alfa-tocoferolo; D; D-D2 + D3; K-fillochinone, Tiamina, riboflavina; Niacina)

Calorie 113

14. Frullato proteico alla cannella

Ingredienti:

1 bicchiere di latte scremato

1 cucchiaino di cacao in polvere

1 cucchiaio di uvetta

1 cucchiaio di semi di zucca

¼ cucchiaino di cannella

Preparazione:

Mescolare in un frullatore fino a creare un impasto omogeneo. Servire con cubetti di ghiaccio. Cospargere con un po' di cannella prima di servire.

Valori nutrizionali per 1 bicchiere:

Carboidrati 12.9g

Zucchero 9.27g

Proteine 7.75g

Grassi totali 4.57g

Sodio 92.3mg

Potassio 262.7mg

Calcio 123.5mg

Ferro 5.21mg

Vitamine (Vitamina C acido grasso ascorbico, B-6, B-12; Folato-DFE, A-RAE, A-UI, E-alfa-tocoferolo; D; D-D2 + D3; K-fillochinone, Tiamina, riboflavina; Niacina)

Calorie 86.7

15. Frullato proteico alla mandorla

Ingredienti:

1 tazza di latte scremato

½ tazza di acqua

2 albumi

1 cucchiaio di mandorle grattugiate

1 cucchiaio di miele

½ tazza di farina d'avena

Preparazione:

Separare gli albumi dai tuorli. Combinare con altri ingredienti e mescolare in un frullatore per 30-40 secondi. Lasciare raffreddare in frigorifero. Servire freddo.

Valori nutrizionali per 1 bicchiere:

Carboidrati 14.31g

Zucchero 9.19g

Proteine 7.91g

Grassi totali 4.54g

Sodio 103mg

Potassio 287.9mg

Calcio 122mg

Ferro 4.29mg

Vitamine (vitamina C, B-6, B-12; Folato-DFE, A-RAE, A-UI, E-alfa-tocoferolo; D; D-D2 + D3; K, Tiamina, riboflavina, niacina)

Calorie 91

16. Frullato proteico alla banana

Ingredienti:

1 banana grande

1 tazza di latte scremato

½ tazza di acqua

1 cucchiaino di vanillina

1 cucchiaio di sciroppo di agave

Preparazione:

Sbucciare e tritare le banane a cubetti. Combinare con gli altri ingredienti in un frullatore e mescolare per 30 secondi, fino a rendere omogenea la miscela. Conservare in frigorifero e servire freddo.

Valori nutrizionali per 1 bicchiere:

Carboidrati 10.11g

Zucchero 7.17g

Proteine 8.91g

Grassi totali 3.23g

Sodio 95mg

Potassio 612.9mg

Calcio 119mg

Ferro 2.88mg

Vitamine (Vitamina C acido grasso ascorbico, B-6, B-12; Folato-DFE, A-RAE, A-UI, E-alfa-tocoferolo; D; D-D2 + D3; K-fillochinone, Tiamina, riboflavina; Niacina)

Calorie 88

17. Frullato proteico ai fiocchi di crusca

Ingredienti:

1 tazza di latte scremato

½ tazza di acqua

½ tazza di fiocchi di crusca

1 cucchiaio di zucchero di canna

1 cucchiaio di miele

1 cucchiaino di cacao

Preparazione:

Mescolare in un frullatore per 30-40 secondi, o fino a quando la miscela sarà omogenea. È possibile aggiungere un po' di cannella, ma questo è opzionale. Lasciare raffreddare in frigorifero per circa un'ora. Servire freddo.

Valori nutrizionali per 1 bicchiere:

Carboidrati 11.7g

Zucchero 10.01g

Proteine 5.32g

Grassi totali 3.65g grasso

86.5mg Sodio

262mg Potassio

Calcio 111mg

Ferro 3.75mg

Vitamine (Vitamina C acido ascorbico totale, B-6, B-12; Folato-DFE, A-RAE, A-UI; E; D; D-D2 + D3; K-fillochinone, Tiamina; Riboflavina)

Calorie 78,7

18. Frullato proteico ai Frutti di bosco

Ingredienti:

½ tazza di frutti di bosco

½ tazza di succo fresco di frutti di bosco

½ tazza di acqua

1 cucchiaino di estratto di mora

2 albumi

1 manciata di ghiaccio

Preparazione:

Separare gli albumi dai tuorli. Unire gli altri ingredienti e mescolare in un frullatore per circa 30 secondi. Servire freddo.

Valori nutrizionali per 1 bicchiere:

Carboidrati 13.01g

Zucchero 9g

Proteine 7.8g

Grassi totali 1.95G

Sodio 98mg

Potassio 234.7mg

Calcio 110mg

Ferro 3.04mg

Vitamine (Vitamina C acido grasso ascorbico, B-6, B-12; Folato-DFE, A-RAE, A-UI, E-alfa-tocoferolo; D; D-D2 + D3; K-fillochinone, Tiamina, riboflavina; Niacina)

Calorie 68

19. Frullato proteico alle noci

Ingredienti:

1 tazza di latte di cocco

½ tazza di noci grattugiate

½ tazza di spinaci tritati finemente

1 uovo intero

2 cucchiai di zucchero di canna

1 cucchiaino di estratto di noce

Preparazione:

Unire gli ingredienti in un frullatore e mescolare per 30-40 secondi. Aggiungere qualche cubetto di ghiaccio prima di servire.

Valori nutrizionali per 1 bicchiere:

Carboidrati 11.27g

Zucchero 8.11g

Proteine 5.85g

Grassi totali 2.94g

Sodio 85mg

Potassio 259.6mg

Calcio 113mg

Ferro 2.03mg

Vitamine (Vitamina C acido grasso ascorbico, B-6, B-12; Folato-DFE, A-RAE, A-UI, E-alfa-tocoferolo; D; D-D2 + D3; K-fillochinone, Tiamina, riboflavina; Niacina)

Calorie 72.6

20. Frullato proteico allo yogurt greco

Ingredienti:

1 tazza di yogurt greco

1 cucchiaio di miele

1 cucchiaio di zucchero di canna

¼ di tazza di latte scremato

1 cucchiaino di burro di mandorle

¼ cucchiaino di cannella

Preparazione:

Unire il latte, il burro di mandorle e lo zucchero di canna in una casseruola. Mescolare bene e lasciar bollire, su bassa temperatura per circa 2 minuti. Togliere dal fuoco e raffreddare per 15 minuti. Versare il composto in un frullatore e aggiungere gli altri ingredienti. Mescolare bene per 30-40 secondi e tenere in frigorifero a raffreddare.

Valori nutrizionali per 1 bicchiere:

Carboidrati 13.1g

Zucchero 9g

Proteine 7.91g

Grassi totali 3.03g

Sodio 95mg

Potassio 259mg

Calcio 119mg

Ferro 3mg

Vitamine (Vitamina C acido grasso ascorbico, B-6, B-12; Folato-DFE, A-RAE, A-UI, E-alfa-tocoferolo; D; D-D2 + D3; K-fillochinone, Tiamina, riboflavina; Niacina)

Calorie 70

21. Frullato proteico con le uova

Ingredienti:

1 tazza di latte scremato

½ tazza di acqua

1 cucchiaio di yogurt greco

3 uova

1 cucchiaino di vanillina

1 cucchiaio di zucchero di canna

Preparazione:

Unire gli ingredienti in un frullatore e mescolare fino ad ottenere un impasto omogeneo. Servire freddo.

Valori nutrizionali per 1 bicchiere:

Carboidrati 10g

Zucchero 6.02g

Proteine 9.84g

Grassi totali 3.94g

Sodio 95mg

Potassio 212.2mg

Calcio 123mg

Ferro 2.43mg

Vitamine (vitamina C, B-6, B-12; Folato-DFE, A-RAE, A-UI; D; D-D2 + D3; K-fillochinone, Tiamina, riboflavina, niacina)

Calorie 72

22. Frullato proteico al burro di arachidi

Ingredienti:

1 tazza di latte scremato

¼ di tazza di arachidi tritate finemente

1 cucchiaio di burro di arachidi

1 cucchiaio di zucchero di canna

1 cucchiaio di bacche di goji

1 piccola mela verde

Preparazione:

Sbucciare e tritare la mela a fettine sottili. Utilizzare una casseruola per sciogliere il burro di arachidi su fuoco basso. Aggiungere lo zucchero di canna e mescolare bene per 30 secondi. Rimuovere dal fuoco e lasciarlo raffreddare. Nel frattempo, mescolare gli altri ingredienti in un frullatore, aggiungere arachidi e zucchero e mescolare bene per 30-40 secondi. Conservare in frigorifero per almeno 30 minuti per raffreddare.

Valori nutrizionali per 1 bicchiere:

Carboidrati 13.2g

Zucchero 10,7 g

Proteine 11.6g

Grassi totali 2.8G

Sodio 97mg

Potassio 259mg

Calcio 134.3mg

Ferro 3.09mg

Vitamine (Vitamina C acido grasso ascorbico, B-6, B-12; Folato-DFE, A-RAE, A-UI, E-alfa-tocoferolo; D; D-D2 + D3; K-fillochinone, Tiamina, riboflavina; Niacina)

Calorie 88.4

23. Frullato proteico energetico

Ingredienti:

1 cucchiaio di mandorle grattugiate

1 cucchiaio di noci grattugiate

1 cucchiaio di noci Macadamian grattugiate

1 tazza di aronia

1 banana media

1 bicchiere di succo d'arancia fresco

1 bicchiere d'acqua

2 albumi

2 cucchiai di miele

1 cucchiaio di zucchero di canna

Preparazione:

Questo Frullato proteico è molto facile da preparare. Basta unire gli ingredienti in un frullatore e mescolare bene per 40 secondi. Raffreddare prima di servire.

Valori nutrizionali per 1 bicchiere:

Carboidrati 17.47g

Zucchero 14.03g

Proteine 15.8g

Grassi totali 7.94g

Sodio 175mg

Potassio 369mg

Calcio 189mg

Ferro 6.09mg

Vitamine (Vitamina C acido grasso ascorbico, B-6, B-12; Folato-DFE, A-RAE, A-UI, E-alfa-tocoferolo; D; D-D2 + D3; K-fillochinone, Tiamina, riboflavina; Niacina)

Calorie 149

24. Frullato proteico al pistacchio

Ingredienti:

1 tazza di latte scremato

¼ di tazza di pistacchi tritati finemente

1 cucchiaio di burro di arachidi

1 cucchiaio di miele

1 manciata di ghiaccio

Preparazione:

Mescolare gli ingredienti in un frullatore fino a rendere l'impasto omogeneo.

Valori nutrizionali per 1 bicchiere:

Carboidrati 13.4g

Zucchero 9.15g

Proteine 7.81g

Grassi totali 5.91g

Sodio 105mg

Potassio 287mg

Calcio 115 mg

Ferro 3.03mg

Vitamine (Vitamina C acido grasso ascorbico, B-6, B-12; Folato-DFE, A-RAE, A-UI, E-alfa-tocoferolo; D; D-D2 + D3; K-fillochinone, Tiamina, riboflavina; Niacina)

Calorie 81

25. Frullato proteico al burro di mandorle

Ingredienti:

1 tazza di latte scremato

½ tazza di acqua

½ tazza di farina d'avena

1 cucchiaio di zucchero di canna

2 cucchiai di burro di mandorle

1 cucchiaino di estratto di mandorla

¼ di tazza di latte di mandorla

Preparazione:

Far bollire il latte di mandorla a bassa temperatura. Aggiungere estratto di mandorle, burro di mandorle e zucchero di canna. Mescolare bene e lasciar bollire per 30-40 secondi. Togliere dal fuoco e raffreddare. Unire con gli altri ingredienti in un frullatore e mescolare bene per 30 secondi. Servire freddo.

Valori nutrizionali per 1 bicchiere:

Carboidrati 15.3g

Zucchero 8.11g

Proteine 9.83g

Grassi totali 7.81g

Sodio 106mg

Potassio 297.2mg

Calcio 125mg

Ferro 4.09mg

Vitamine (Vitamina C acido grasso ascorbico, B-6, B-12; Folato-DFE, A-RAE, A-UI, E-alfa-tocoferolo; D; D-D2 + D3; K-fillochinone, Tiamina, riboflavina; Niacina)

Calorie 73

26. Frullato proteico alle Mele verdi

Ingredienti:

1 mela verde

2 albumi

1 bicchiere di succo di mela fresco

1 cucchiaio di noci grattugiato

¼ cucchiaino di cannella

Preparazione:

Sbucciare e tagliare la mela a fettine sottili. Separare gli albumi dai tuorli. Mescolare con altri ingredienti in un frullatore per 30-40 secondi. Servire con cubetti di ghiaccio.

Valori nutrizionali per 1 bicchiere:

Carboidrati 11g

Zucchero 8g

Proteine 8.92g

Grassi totali 3.44g

Sodio 92mg

Potassio 212.4mg

Calcio 103mg

Ferro 3.03mg

Vitamine (Vitamina C acido grasso ascorbico, B-6, B-12; Folato-DFE, A-RAE, A-UI, E-alfa-tocoferolo; D; D-D2 + D3; K-fillochinone, Tiamina, riboflavina; Niacina)

Calorie 62

27. Frullato proteico Miele e banana

Ingredienti:

1 tazza di latte scremato

1 banana media

1 cucchiaio di miele

1 cucchiaino di estratto di banana

1 cucchiaio di yogurt greco

1 cucchiaio di crema non grassa

Preparazione:

Sbucciare e tritare le banane a cubetti. Mescolare con gli altri ingredienti in un frullatore per 30-40 secondi e lasciarlo raffreddare in frigorifero per circa un'ora. Servire freddo.

Valori nutrizionali per 1 bicchiere:

Carboidrati 12.7g

Zucchero 7.1g

Proteine 9.92g

Grassi totali 2.94g

Sodio 85mg

Potassio 249.5mg

Calcio 133mg

Ferro 3mg

Vitamine (Vitamina C acido grasso ascorbico, B-6, B-12; Folato-DFE, A-RAE, A-UI, E-alfa-tocoferolo; D; D-D2 + D3; K-fillochinone, Tiamina, riboflavina; Niacina)

Calorie 68.9

28. Frullato proteico alle noci miste

Ingredienti:

1 cucchiaino di mandorle grattugiate

1 cucchiaino di noci grattugiate

1 cucchiaino di nocciole grattugiate

1 cucchiaino di noci Macadamian grattugiate

1 bicchiere di succo d'arancia fresco

1 cucchiaio di sciroppo di agave

1 cucchiaio di gelato magro all'arancia

1 manciata di cubetti di ghiaccio

Preparazione:

Mescolare gli ingredienti in un frullatore per 30-40 secondi.

Valori nutrizionali per 1 bicchiere:

Carboidrati 15.19g

Zucchero 11.23g

Proteine 9.85g

Grassi totali 6.64g

Sodio 115 mg

Potassio 309.6mg

Calcio 121mg

Ferro 5.03mg

Vitamine (Vitamina C acido grasso ascorbico, B-6, B-12; Folato-DFE, A-RAE, A-UI, E-alfa-tocoferolo; D; D-D2 + D3; K-fillochinone, Tiamina, riboflavina; Niacina)

Calorie 98.3

29. Frullato proteico all'ananas

Ingredienti:

1 tazza di ananas fresco tritato

1 tazza di succo di ananas fresco

2 albumi

1 cucchiaio di zucchero di canna

1 cucchiaino di estratto di ananas

2 ciliegie per la decorazione

Preparazione:

Separare gli albumi dai tuorli. Mescolare con gli altri ingredienti in un frullatore per 30-40 secondi. Servire con ghiaccio e ciliegie in cima.

Valori nutrizionali per 1 bicchiere:

Carboidrati 11.34g

Zucchero 8.11g

Proteine 6.85g

Grassi totali 1.84g

Sodio 84 mg

Potassio 209.6mg

Calcio 103mg

Ferro 1.93mg

Vitamine (Vitamina C acido grasso ascorbico, B-6, B-12; Folato-DFE, A-RAE, A-UI, E-alfa-tocoferolo; D; D-D2 + D3; K-fillochinone, Tiamina, riboflavina; Niacina)

Calorie 58,9

30. Frullato proteico esotico

Ingredienti:

1 tazza di latte di cocco

½ banane

½ tazza di ananas tagliato

1 cucchiaino di estratto di noce di cocco

2 cucchiai di panna acida light

2 cucchiai di zucchero di canna

Preparazione:

Unire gli ingredienti in un frullatore per 30-40 secondi e mescolare bene fino a quando diventa tutto liscio. Servire con alcuni cubetti di ghiaccio.

Valori nutrizionali per 1 bicchiere:

Carboidrati 11.17g

Zucchero 8.31g

Proteine 5.85g

Grassi totali 2.44g

Sodio 82 mg

Potassio 279.6mg

Calcio 114mg

Ferro 2.3mg

Vitamine (Vitamina C acido grasso ascorbico, B-6, B-12; Folato-DFE, A-RAE, A-UI, E-alfa-tocoferolo; D; D-D2 + D3; K-fillochinone, Tiamina, riboflavina; Niacina)

Calorie 72

31. Frullato proteico Pesca e crema

Ingredienti:

1 pesca media

1 bicchiere di latte di mandorla

1 cucchiaio di panna acida light

1 cucchiaio di yogurt greco

1 cucchiaino di estratto di pesca

1 cucchiaio di miele

1 cucchiaino di semi di zucca

1 manciata di ghiaccio

Preparazione:

Tagliare la pesca in piccoli pezzi. Mescolare con altri ingredienti in un frullatore fino a rendere l'impasto omogeneo.

Valori nutrizionali per 1 bicchiere:

Carboidrati 13.27g

Zucchero 9.11g

Proteine 7.85g

Grassi totali 4.94g

Sodio 85mg

Potassio 259mg

Calcio 103mg

Ferro 2.93mg

Vitamine (Vitamina C acido grasso ascorbico, B-6, B-12; Folato-DFE, A-RAE, A-UI, E-alfa-tocoferolo; D; D-D2 + D3; K-fillochinone, Tiamina, riboflavina; Niacina)

Calorie 70

32. Frullato proteico allo yogurt di vaniglia

Ingredienti:

1 tazza di yogurt greco alla vaniglia

1 tazza di latte scremato

1 cucchiaio di noci Macadamian grattugiate

1 banana media

½ tazza di fragole

1 cucchiaino di vanillina

Preparazione:

Sbucciare la banana e tagliarla a dadini. Unirla con gli altri ingredienti in un frullatore e mescolare fino a quando la miscela sarà liscia, circa 30-40 secondi. Cospargere con un po' di vaniglia in polvere, opzionale. Servire freddo.

Valori nutrizionali per 1 bicchiere:

Carboidrati 12.2g

Zucchero 6.1g

Proteine 9.85g

Grassi totali 3.4g

Sodio 79mg

Potassio 216.6mg

Calcio 111mg

Ferro 2.3mg

Vitamine (Vitamina C acido grasso ascorbico, B-6, B-12; Folato-DFE, A-RAE, A-UI, E-alfa-tocoferolo; D; D-D2 + D3; K-fillochinone, Tiamina, riboflavina; Niacina)

Calorie 78

33. Frullato proteico potente

Ingredienti:

3 prugne mature, snocciolate

1 tazza di latte scremato

½ tazza di noci

¼ di tazza di sciroppo di agave

Preparazione:

Mescolare gli ingredienti in un frullatore per 30-40 secondi. Servire freddo.

Valori nutrizionali per 1 bicchiere:

Carboidrati 12.21g

Zucchero 5.98g

Proteine 6.23g

Grassi totali 2.31g

Sodio 82.5mg

Potassio 217.8mg

Calcio 124.3mg

Ferro 1.27mg

Vitamine (Vitamina C acido grasso ascorbico, B-6, B-12; Folato-DFE, A-RAE, A-UI, E-alfa-tocoferolo; D; D-D2 + D3; K-fillochinone, Tiamina, riboflavina; Niacina)

Calorie 56,4

34. Frullato proteico al limone

Ingredienti:

1 bicchiere di limonata fresca, senza zucchero

1 cucchiaio di scorza di limone

2 cucchiai di zucchero di canna

½ tazza di ricotta

1 cucchiaio di estratto di vaniglia

1 cucchiaio di cracker di avena sbriciolati

Preparazione:

Mettere gli ingredienti in un frullatore e frullare fino ad ottenere una consistenza cremosa. Versare in un bicchiere e cospargere con i cracker di avena sbriciolati. Servire freddo.

Valori nutrizionali per 1 bicchiere:

Carboidrati 9.27g

Zucchero 6.11g

Proteine 8.85g

Grassi totali 4.94g

Sodio 86mg

Potassio 211.4mg

Calcio 115 mg

Ferro 1.05mg

Vitamine (Vitamina C acido grasso ascorbico, B-6, B-12; Folato-DFE, A-RAE, A-UI, E-alfa-tocoferolo; D; D-D2 + D3; K-fillochinone, Tiamina, riboflavina; Niacina)

Calorie 57,6

35. Frullato proteico al caramello

Ingredienti:

1 tazza di latte scremato

½ tazza di zucchero di canna

½ cucchiaino di cannella

1 cucchiaino di estratto di cioccolato

1 cucchiaio di mandorle grattugiate

1 pera media, tagliato in piccoli pezzi

2 cucchiai di yogurt greco

Preparazione:

Utilizzare una pentola per sciogliere lo zucchero a bassa temperatura. Aggiungere lentamente il latte e mescolare bene per circa un minuto. Lo zucchero diventerà un bel caramello. Rimuovere dal fuoco e lasciarlo raffreddare per un po'. Nel frattempo tagliare una pera in piccoli pezzi, unire con gli altri ingredienti in un frullatore, aggiungere il caramello e miscelare per circa 40 secondi. Versare il Frullato proteico in un bicchiere, spolverare con cannella e aggiungere alcuni cubetti di ghiaccio.

Valori nutrizionali per 1 bicchiere:

Carboidrati 12.37g

Zucchero 8.42g

Proteine 6.85g

Grassi totali 2.74g

Sodio 83mg

Potassio 239.6mg

Calcio 112mg

Ferro 2.05mg

Vitamine (Vitamina C acido grasso ascorbico, B-6, B-12; Folato-DFE, A-RAE, A-UI, E-alfa-tocoferolo; D; D-D2 + D3; K-fillochinone, Tiamina, riboflavina; Niacina)

Calorie 72.7

36. Frullato proteico alle nocciole

Ingredienti:

1 tazza di latte scremato

½ tazza di yogurt greco al cacao

1 cucchiaino di cacao in polvere

2 cucchiai di nocciole grattugiate

1 cucchiaio di zucchero di canna

2 albumi

Preparazione:

Unire gli ingredienti in un frullatore e mescolare fino a rendere l'impasto cremoso. Lasciar raffreddare in frigorifero per circa 30 minuti.

Valori nutrizionali per 1 bicchiere:

Carboidrati 11.27g

Zucchero 8.13g

Proteine 9.84g

Grassi totali 2.94g

Sodio 82 mg

Potassio 253.6mg

Calcio 112mg

Ferro 2.08mg

Vitamine (Vitamina C acido grasso ascorbico, B-6, B-12; Folato-DFE, A-RAE, A-UI, E-alfa-tocoferolo; D; D-D2 + D3; K-fillochinone, Tiamina, riboflavina; Niacina)

Calorie 62,6

37. Frullato proteico Cioccolato e caffè

Ingredienti:

1 tazza di caffè nero forte, senza zucchero

½ tazza di panna light

3 cucchiai di yogurt greco

1 cucchiaio di zucchero di canna

1 cucchiaino di cacao

¼ di tazza di cioccolato fondente grattugiato (80% di cacao)

1 cucchiaio di nocciole grattugiate

Preparazione:

Mescolare gli ingredienti in un frullatore per 30-40 secondi. Conservare in frigorifero e servire con cubetti di ghiaccio. Cospargere con alcune nocciole grattugiate.

Valori nutrizionali per 1 bicchiere:

Carboidrati 15.27g

Zucchero 8.51g

Proteine 10.83g

Grassi totali 6.94g

Sodio 83mg

Potassio 259.3mg

Calcio 143mg

Ferro 2.23mg

Vitamine (Vitamina C acido grasso ascorbico, B-6, B-12; Folato-DFE, A-RAE, A-UI, E-alfa-tocoferolo; D; D-D2 + D3; K-fillochinone, Tiamina, riboflavina; Niacina)

Calorie 74

38. Frullato proteico alla ciliegia

Ingredienti:

1 tazza di succo di ciliegia fresca, senza zucchero

1 tazza di ciliegie

½ tazza di yogurt greco

1 cucchiaino di estratto di ciliegia

1 cucchiaio di zucchero di canna

1 manciata di ghiaccio

Preparazione:

Mescolare gli ingredienti in un frullatore per 30 secondi. Servire freddo.

Valori nutrizionali per 1 bicchiere:

Carboidrati 10.67g

Zucchero 8.11g

Proteine 8.65g

Grassi totali 2.54g

Sodio 95mg

Potassio 159.6mg

Calcio 93mg

Ferro 1.03mg

Vitamine (Vitamina C acido ascorbico totale, B-6, B-12, A-RAE, A-UI, E-alfa-tocoferolo, D, K-fillochinone, Tiamina, riboflavina, niacina)

Calorie 74.6

39. Frullato proteico al mango

Ingredienti:

1 tazza di mango tritato

½ tazza di farina d'avena

1 cucchiaino di semi di zucca

1 cucchiaino di burro di mandorle

1 tazza di latte scremato

1 cucchiaio di panna light

2 cucchiai di zucchero di canna

Preparazione:

Unire gli ingredienti e frullare fino a rendere il composto omogeneo. Cospargere con un po' di mango in polvere, opzionale. Servire freddo.

Valori nutrizionali per 1 bicchiere:

Carboidrati 14.24g

Zucchero 8.11g

Proteine 10.85g

Grassi totali 6.94g

Sodio 75mg

Potassio 249.6mg

Calcio 103mg

Ferro 2.93mg

Vitamine (Vitamina C acido grasso ascorbico, B-6, B-12; Folato-DFE, A-RAE, A-UI, E-alfa-tocoferolo; D; D-D2 + D3; K-fillochinone, Tiamina, riboflavina; Niacina)

Calorie 82.6

40. Frullato proteico Foresta di piacere

Ingredienti:

1 tazza di succo di mela fresco

½ tazza di acqua

½ medio mela verde

½ carota media

½ piccola pesca

½ tazza di frutti di bosco misti (lamponi, fragole, more)

½ tazza di ricotta

1 cucchiaio di sciroppo di agave

Preparazione:

Mescolare in un frullatore fino ad ottenere un impasto omogeneo. Lasciare raffreddare in frigorifero per un po'.

Valori nutrizionali per 1 bicchiere:

Carboidrati 11.27g

Zucchero 8.41g

Proteine 9.85g

Grassi totali 4.94g

Sodio 84 mg

Potassio 159.6mg

Calcio 84 mg

Ferro 1.3mg

Vitamine (Vitamina C acido grasso ascorbico, B-6, B-12; Folato-DFE, A-RAE, A-UI, E-alfa-tocoferolo; D; D-D2 + D3; K-fillochinone, Tiamina, riboflavina; Niacina)

Calorie 59

41. Frullato proteico al ginger

Ingredienti:

1 banana media

1 tazza di yogurt magro

1 tazza di spinaci tritati finemente

1 cucchiaino di zenzero grattugiato

2 albumi

1 cucchiaino di succo di limone

2 cucchiai di miele

Preparazione:

Separare gli albumi dai tuorli. Mescolare con gli altri ingredienti in un frullatore per circa 30 secondi, fino a quando il composto sarà spumoso.

Valori nutrizionali per 1 bicchiere:

Carboidrati 10g

Zucchero 5.11g

Proteine 9.85g

Grassi totali 4.94g

Sodio 83mg

Potassio 229.6mg

Calcio 115 mg

Ferro 2.13mg

Vitamine (Vitamina C acido grasso ascorbico, B-6, B-12; Folato-DFE, A-RAE, A-UI, E-alfa-tocoferolo; D; D-D2 + D3; K-fillochinone, Tiamina, riboflavina; Niacina)

Calorie 74.6

42. Frullato proteico alla papaya

Ingredienti:

1 tazza di papaya in purè

½ tazza di farina d'avena

1 tazza di latte scremato

½ tazza di acqua

1 cucchiaio di bacche di goji

1 cucchiaio di sciroppo di agave

2 cucchiai di zucchero di canna

Preparazione:

Unire gli ingredienti in un frullatore e mescolare bene fino a quando la miscela sarà omogenea. Servire con alcuni cubetti di ghiaccio.

Valori nutrizionali per 1 bicchiere:

Carboidrati 11.2g

Zucchero 7.11g

Proteine 9.85g

Grassi totali 2.44g

Sodio 84 mg

Potassio 178.6mg

Calcio 113mg

Ferro 2.03mg

Vitamine (Vitamina C acido grasso ascorbico, B-6, B-12; Folato-DFE, A-RAE, A-UI, E-alfa-tocoferolo; D; D-D2 + D3; K-fillochinone, Tiamina, riboflavina; Niacina)

Calorie 69,5

43. Frullato proteico ai mirtilli

Ingredienti:

1 tazza di latte scremato

1 tazza di mirtilli

1 cucchiaio di zucchero di canna

1 cucchiaino di estratto di menta

Preparazione:

Molto semplice da preparare. Questa bibita è molto rinfrescante e richiede solo circa 2-3 minuti di preparazione. Basta mescolare gli ingredienti in un frullatore per 30 secondi e servire con cubetti di ghiaccio.

Valori nutrizionali per 1 bicchiere:

Carboidrati 7g

Zucchero 3.11g

Proteine 5,8 g

Grassi totali 1.94g

Sodio 65mg

Potassio 159.3mg

Calcio 87mg

Ferro 1.03mg

Vitamine (Vitamina C acido grasso ascorbico, B-6, B-12; Folato-DFE, A-RAE, A-UI, E-alfa-tocoferolo; D; D-D2 + D3; K-fillochinone, Tiamina, riboflavina; Niacina)

Calorie 54

44. Frullato proteico alla zucca

Ingredienti:

1 tazza di purea di zucca

1 tazza di latte scremato

1 cucchiaio di zucchero di canna

2 albumi

1 banana media

1 piccola mela verde

1 cucchiaino di cannella

Preparazione:

Separare gli albumi dai tuorli. Sbucciare e grattugiare la mela. Tagliare la banana in piccoli pezzi e unire gli ingredienti in un frullatore per 30-40 secondi. Cospargere con cannella e lasciare in frigorifero a raffreddare per un po'.

Valori nutrizionali per 1 bicchiere:

Carboidrati 11.36g

Zucchero 8.03g

Proteine 10.23g

Grassi totali 3.87g

Sodio 79.43mg

Potassio 208.1mg

Calcio 104.9mg

Ferro 1.89mg

Vitamine (Vitamina C acido grasso ascorbico, B-6, B-12; Folato-DFE, A-RAE, A-UI, E-alfa-tocoferolo; D; D-D2 + D3; K-fillochinone, Tiamina, riboflavina; Niacina)

Calorie 72.7

ALTRI GRANDI TITOLI DELL'AUTORE

www.ingramcontent.com/pod-product-compliance
Lightning Source LLC
Chambersburg PA
CBHW071748080526
44588CB00013B/2188